Mercedes Gómez

El enfoque creativo
para el aprendizaje de idiomas

Un cóctel de arteterapia, creatividad, gramática e internet
para saborear un idioma

MERCEDES GÓMEZ

EL ENFOQUE CREATIVO PARA EL
APRENDIZAJE
DE IDIOMAS

Un cóctel de arteterapia,
creatividad, gramática e internet
para saborear un idioma

bubok
EDITORIAL

© Mercedes Gómez
© El enfoque creativo para el aprendizaje de idiomas

Enero 2025

ISBN papel: 978-84-685-8689-2
ISBN Ebook: 978-84-685-8688-5

Depósito Legal: M-4301-2025
SafeCreative: 2502070814634

Editado por Bubok Publishing S.L.
equipo@bubok.com
Tel: 912904490
Paseo de las Delicias, 23
28045 Madrid

A mi padre, cuya fuerza me acompaña allí donde voy

ÍNDICE

11   Prólogo

15   Introducción

17   1. UN CAMBIO DE PARADIGMA

23   2. EL ENFOQUE CREATIVO
       ¿Cuáles son las características del enfoque creativo?

33   3. EL APRENDIZAJE COMO VIAJE

53   4. MENORES
53   ¿Qué podemos hacer para ayudar a aprender un idioma?

61   5. PERSONAS ADULTAS
62   ¿Qué puede hacer la persona adulta para acelerar su propio
         proceso de aprendizaje?

69   6. RECURSOS Y ACTIVIDADES

75   7. CONCLUSIONES

79   8. AGRADECIMIENTOS

81   9. BIBLIOGRAFÍA

Prólogo

Como tantas personas en España, he dedicado muchas horas de mi infancia, muchísimas, a estudiar inglés. Recuerdo con estupor las listas de verbos irregulares y de vocabulario, y la inmensa frustración de los ejercicios de *listening* que nos ponían en cintas de casete desgastadas. Pero a pesar de tantos esfuerzos, yo he sido una de esas personas que se describen en este libro que, aun después de tantos años de esfuerzo, incluso sacando muy buenas notas, apenas podía hablar inglés. Recuerdo con mucha vergüenza una ocasión en un festival de música en la que un extranjero me preguntó dónde estaba el aseo y fui incapaz de entenderle, y mucho más de contestarle, aun después de haber aprobado el First (First Certificate of Cambridge).

Para mí, esta situación cambió cuando el impulso por conocer más allá me llevó a vivir un año de estudiante de Erasmus en Holanda, donde se cumplieron los procesos y principios que menciona Mercedes en su libro: me autorresponsabilicé de mi viaje, conecté con mi motivación y de paso desarrollé mi creatividad en el aprendizaje, pues, además, estaba estudiando Bellas Artes. El hecho de que no estuviera en un país británico y de que todos compartiéramos una distancia equidistante con el idioma facilitó mucho que pudiera bajar mis defensas y la exigencia de tener que hablar perfectamente.

Hasta ese momento, cualquier error en mi inglés era un tachón rojo en los exámenes y redacciones, y una penalización en las notas. Y mi nivel era de los mejores, supuestamente, lo que me hacía creer que en España, en general, sabíamos muy poco inglés.

En Holanda, sin embargo, los errores formaban parte de un día a día repleto de bromas y juegos de palabras con los que poco a poco íbamos descubriendo el interesantísimo y vasto mundo que se nos abría por delante. Y así fue como descubrí que franceses, italianos, alemanes o españoles, todos, cometíamos errores, y lo importante no eran estos, si no el deseo de comunicarnos. Y fue así exactamente como empecé a hablar de forma más que fluida, natural; hasta llegar a soñar, crear e incluso me enamoré en inglés.

Y es que, como bien apunta el contenido de este libro, los aprendizajes de idiomas no se dan verdaderamente hasta que no tocan nuestra fibra emocional y afectiva, y aún más, hasta que no conectan con nuestro inconsciente. Aprendemos el idioma materno porque nos vinculamos con nuestras familias, en un entorno, ojalá, rodeado de amor, juegos y disfrute compartido. Se sabe, de hecho, que el desarrollo del lenguaje en la primera infancia se suele retrasar cuando existen condiciones de maltrato o carencias a nivel psicoafectivo. ¿Por qué iba a ser diferente en el aprendizaje de una segunda lengua?

Los idiomas nos tocan a un nivel profundo en nuestros afectos y formas de vincularnos. Atravesar los bloqueos que a menudo paralizan este proceso de aprendizaje y generar esa vinculación afectiva es una necesidad y a la vez un arte que Mercedes ha conseguido dominar, combinando diversos recursos y una mirada atenta y generosa.

Estos recursos y esta mirada resultan tan novedosos y a la vez tan antiguos como el mismo mundo. No hay nada nuevo en la inclusión del arte en la pedagogía, como bien ya se ha hecho en épocas pasadas, y sobre todo desde el desarrollo de las grandes corrientes pedagógicas que han influenciado nuestro siglo, como por ejemplo Waldorf o Montessori.

Nada nuevo bajo el sol, como dice el dicho, que el arte y la creatividad facilitan la expresión, y de esta fuente bebe la arteterapia como disciplina terapéutica que está tomando cada vez más fuerza en los ámbitos clínicos, educativos y sociales en todo el mundo. Sin embargo, es totalmente novedosa la manera de apuntar con esta mirada hacia los bloqueos inconscientes que limitan el aprendizaje de una segunda lengua, y que muy sagazmente observa Mercedes en sus alumnos.

El libro que tienes entre las manos es un compendio de propuestas y recursos, pero es mucho más que eso. Es una reflexión en profundidad desde un aprendizaje encarnado de alguien que sabe que no por tener más conocimientos sabe más, sino que sabe más solamente porque ya ha transitado el camino. Esta idea, que bebe directamente de la *gestalt*, y a su vez del budismo, es donde se sitúa la autora cuando describe el acto pedagógico y la relación maestra-alumno/a como un encuentro puramente humano; un encuentro y un viaje de crecimiento personal que, inevitablemente, conlleva todo proceso de aprendizaje, y que se amplía y multiplica cuando lo que se desea aprender es una segunda lengua. Se necesitarán una buena mochila, mapas y guías, así como una gran cesta para recoger los frutos de la travesía.

LUCÍA HERVÁS HERMIDA

Siempre he amado los viajes y los idiomas. Y, por supuesto, aprender, guiada por mi curiosidad infinita. Leía, observaba y soñaba mucho, quizá para refugiarme de un mundo que no conseguía comprender del todo. Me atraían las puertas que se abrían con los idiomas y me gustaba emular acentos, me divertía.

Pronto descubrí que los idiomas me permitían conocer a más personas, tener una comprensión mayor del mundo y relacionar mejor todo lo que veía y sabía a pequeña y gran escala. Eso me alentaba a seguir.

Mi propio aprendizaje de idiomas fue el resultado de la educación que recibí, la pasión por el conocimiento y el gusto por los viajes —que tanto respiré en casa de mis padres—, los encuentros con personas de diversos países y algún amor extranjero.

¿Cómo llegué a enseñar idiomas aplicando el **enfoque creativo**? Fue un largo camino que comencé a recorrer utilizando un estilo de docencia convencional donde ya se vislumbraba un toque de creatividad hasta aterrizar en una forma de entender el aprendizaje que llevaba un sello personal. ¿Cómo fue esta transición? Llevó tiempo y evolución convertir todo lo que iba aprendiendo por el camino en un enfoque práctico y eficaz. En esta trayectoria incorporé la arteterapia, el desarrollo personal, la meditación y muchos otros elementos al bagaje que ya tenía. El objetivo de este libro ha sido principalmente organizar la experiencia y las vivencias por si pudiera resultar de utilidad a otras personas.

A lo largo de los años, he perfeccionado el método, que ha ayudado a numerosas personas a perder el miedo a otro idioma y cultura, a entusiasmarse con el aprendizaje, a ganar autoestima y a confiar en sí mismas.

A mis sesiones llegan personas adultas con problemas de bloqueo a la hora de expresarse en un idioma que han estudiado durante muchos años. Suelo señalarles que no es posible que, tras dieciséis o diecisiete años de aprendizaje, no consigan utilizar sus conocimientos. Evidentemente algo falla. Bromeo con ellas diciéndoles: «En alguna neurona tienen que estar». También llegan menores superados por la impotencia y el miedo al ridículo, que no saben encontrar el camino para entender por sí mismos qué les pasa.

Las posibilidades que ofrece el **enfoque creativo**, basado en la arteterapia y la creatividad y que abraza también la gramática y las nuevas tecnologías, son poderosas y eficaces. El siguiente ejemplo de un caso real permite ilustrar su potencial: al pedir a un menor que hable a través de una marioneta, este se concentrará exclusivamente en hacerla hablar y dejará de preocuparse por cómo lo hace, es decir, si lo está haciendo bien o no. El juez interior se desactiva, y el resultado es sorprendente.

¿Quieres conocer más detalles?

Entonces, sigue leyendo...

1 | UN CAMBIO DE PARADIGMA

La **aparición de internet** ha acelerado el proceso de globalización que comenzó hace décadas, cuando los medios de transporte y las nuevas tecnologías contribuyeron a generar la sensación de «aldea global». Cualquier punto remoto del planeta ha dejado de ser inaccesible tanto física como virtualmente, y esto es una novedad en la historia del mundo. Con la llegada de internet, la conexión entre los seres humanos se ha intensificado y crece continuamente. Esta tecnología ha pasado a ser el principal medio de intercambio de información y conocimiento. Se trata de una revolución, prácticamente como la invención de la imprenta por Gutenberg en su tiempo. Y todo el mundo conoce las consecuencias del incremento de la interconexión y del intercambio: un salto cuántico en la historia. Lo hemos podido comprobar una y otra vez, los mayores avances en la historia de la humanidad han venido dados por invenciones decisivas.

Una tribu aislada puede mantener su estilo de vida durante siglos, pero una tribu que se relaciona con otras genera, a través de la información compartida, caminos distintos a los conocidos. Si hablamos de una «tribu global», como es el caso del mundo en la actualidad, nos esperan retos de gran envergadura que pueden convertirse en grandes problemas o en una aventura increíble. Eso dependerá de la flexibilidad, de la actitud ante el cambio y de la conciencia que pongamos en todo ello.

El incesante desarrollo tecnológico y la digitalización nos conducen irremisiblemente a una nueva era, como ocurrió en su día con la Revolución Industrial. El mundo evoluciona a una velocidad hasta ahora desconocida. Lo que ayer servía, hoy deja de hacerlo a un ritmo vertiginoso. A veces es sumamente difícil integrar tanto cambio. Como sugiere la canción *Todo cambia* de Julio Numhauser, interpretada magníficamente por Mercedes Sosa, el cambio constante es tan evidente como difícil de asimilar.

Nos enfrentamos a una revolución con sus luces y sombras. Vivirla con conciencia permitirá no solo adaptarse, sino también mantenerse atento a las nuevas oportunidades y evitar los peligros. Cualquier ámbito de la sociedad actual exige acabar con modelos y patrones obsoletos, así como identificar y abrazar las posibles ventajas que proporcionarán los nuevos y protegernos de los numerosos riesgos potenciales.

Por ello, para no perderse en el maremágnum de datos, la hiperconectividad y la diversidad de estilos de vida, será preciso desarrollar una **brújula interior**. Ante un exterior tan múltiple y cambiante, nunca ha sido tan importante buscar nuestro propio centro. Cuanto mayor sea la interconexión entre los individuos y el exceso de estímulos, más decisivo será mantener nuestro centro y llevar una vida con propósito, como la única manera de mantener cierta serenidad y cordura en un mundo tan cambiante en el que proliferan cada vez más interlocutores que demandan nuestra atención. Discriminar hacia dónde mirar y si merece la pena prestar atención es una necesidad que debe tenerse en cuenta.

No queda más remedio que aprender a navegar en esta era de cambio continuo. Dejar a un lado la necesidad de control y aprender a aceptar la incertidumbre facilitarán el tránsito. Muchas de las creencias que nos llevaron al siglo XX ya no sirven y hay que revisarlas. El ser humano del siglo actual no es el del siglo pasado ni lo será ya nunca más. Esto puede ser una tragedia o una aventura: dependerá de la actitud con que se afronte este desafío.

Cada vez tenemos menos control sobre nuestras vidas, datos personales, interacciones e imagen en el ciberespacio. La parcela que podemos controlar es muy reducida. Aceptarlo es el primer paso para surfear la vida a la gran velocidad con la que los acontecimientos se suceden... Ya no sirven los consejos del tipo: «Si lo vas a hacer, hazlo bien», porque ese «bien» caduca en cuanto lo hemos pronunciado. Adaptarse o morir.

Respecto a la **educación**, una cosa es segura: es preciso preparar a los menores para la adaptación y la aceptación del cambio continuo. Los budistas tienen un término para el cambio constante: «impermanencia». Todo cambia continuamente, y asumir este principio tan obvio pero tan difícil de asimilar será una condición *sine qua non* para sobrevivir en esta nueva era.

También será necesario educar en la diversidad. Aceptar lo nuevo y diferente y acogerlo facilitará la vida de quienes deseen evolucionar con los tiempos y llevar una vida satisfactoria. El pensamiento único, que tanto hemos conocido en este país, está destinado al fracaso; no puede perdurar en el tiempo. El mundo se presenta cada vez más diverso. Y no va a ser igual de fácil para todos los seres humanos integrar esta noción. Hay personas que acogen la novedad con interés y curiosidad. Y a otras les da miedo, principalmente por desconocimiento e ignorancia. Por ello, es importante educar también en este aspecto.

Inmersos en una situación de constante cambio, es fundamental adoptar una actitud de reflexión. Hay que discriminar lo que nos va a seguir sirviendo o resultando útil de lo que hay que descartar. Proponer un cambio radical sin someterlo a la prueba del tiempo o la experiencia puede ser tan pernicioso como agarrarse al pasado sin someterlo a crítica alguna. El ser humano debe decidir con qué desea quedarse. Educar para ello es uno de los principales retos a los que se enfrenta la sociedad del siglo XXI. Y es responsabilidad de todos y todas, ciudadanía y gobernantes, asumir la autoría de los ajustes necesarios.

En cuanto a modelos educativos, soy partidaria de hablar de revisión en lugar de eliminación de los anteriores, así como de probar las nuevas propuestas sobre el terreno en lugar de adoptarlas bajo la luz de la fe ciega. Muchas de ellas caerán a lo largo del camino como cae el arte contemporáneo a medida que el paso del tiempo decide qué obras serán consideradas clásicas y perdurarán. El tiempo y la experiencia son los mejores filtros.

Como dijo Ken Robinson, prestigioso experto en creatividad y educación, la educación actual se basa aún en el modelo implantado durante la Revolución Industrial. En ese momento, la educación respondía a las necesidades imperantes en la sociedad de la época. Los menores que trabajaban en las fábricas debían educarse en la disciplina para mejorar la productividad. Se buscaba el control de la masa escolar y, por lo tanto, de la población. El modelo de educación buscaba la disciplina del cuerpo infantil, es decir, que adoptara la postura correcta, estuviera en silencio y fuera sumiso para que interiorizara esta actitud y la mantuviera incluso cuando no lo estaban observando.

Ahora el ser humano necesita nuevas habilidades y capacidades para afrontar los retos que se le presentan: debe adoptar una nueva actitud, aprender a adaptarse con facilidad y agilidad, y renunciar a la necesidad de control si quiere sobrevivir. Además, es preciso que desarrolle una gran confianza en sí mismo para sentirse a la altura de cualquier circunstancia, porque los desafíos que se presentarán serán increíbles.

2 | EL ENFOQUE CREATIVO

Como he comentado antes, la educación debe experimentar un profundo cambio para adaptarse a los nuevos tiempos. Esto es necesario en todas las disciplinas. Propongo otro tipo de enseñanza, que, aunque en este libro se centra en el aprendizaje de idiomas, puede aplicarse a cualquier ámbito y tipo de conocimientos.

Lo denomino **enfoque creativo**. Este puede utilizarse solo, pero también puede complementar a otros. En mi opinión, permite un aprendizaje más natural e integral y con un mayor sentido para la persona.

¿Cuáles son las características del enfoque creativo?

A continuación expongo las principales características del enfoque propuesto en este libro, que permiten deducir las diferencias con otras metodologías. Aunque el abordado aquí se nutre de la experiencia y los conocimientos adquiridos también con otros enfoques, este se centra principalmente en los siguientes puntos:

a) Aprovecha la curiosidad para despertar el interés.

b) Se centra en los intereses, gustos y pasiones de las personas para dotar de sentido al proceso de aprendizaje.

c) Da prioridad a la expresión frente a la corrección.

d) Emplea la emoción para fijar lo aprendido.

e) Utiliza recursos creativos y artísticos para facilitar la integración natural de conocimientos.

f) Fomenta la participación del estudiante.

g) Considera internet como una herramienta de exploración (vídeos, textos, ejercicios, juegos, etc.).

h) Presenta la gramática de forma dosificada, conforme a las necesidades de las personas, para aprender, revisar o fijar los principales conceptos.

Veamos estas características con más detenimiento.

a) Aprovecha la curiosidad para despertar el interés

En la infancia nos guiamos por la curiosidad. Todo nos parece nuevo y nos llama la atención, pero a medida que crecemos y pasamos por el *filtro* de la educación familiar, escolar y social, se nos impone una manera de mirar las cosas que resta espontaneidad a nuestra aproximación al mundo.

Habría que incorporar la curiosidad en cualquier proceso de aprendizaje. Solo así internalizaremos una actitud de aprendizaje continuo a lo largo de nuestra vida, necesaria para nuestro crecimiento como personas y para nuestro disfrute y adaptación a un futuro en constante cambio.

La curiosidad despierta el interés, que, a su vez, coloca al cerebro en el mejor estado para asimilar nueva información. Fuera de este estado impregnado por la emoción, difícilmente recordamos lo que aprendemos. Sin la curiosidad, el aprendizaje deja de tener sentido, como también ocurre con frecuencia respecto a la vida. Se trata de un estado de atención en el que la mente se encuentra predispuesta para el aprendizaje. Aprovecharlo conscientemente por parte del docente es un recurso extraordinario para impulsar el interés y la motivación.

Es fundamental que el docente observe al estudiante para detectar qué genera su interés, qué puede contribuir a avivar la llama de la curiosidad... Pero ¿qué despierta el interés en general? Normalmente es la novedad, la necesidad, nuestras preferencias. En definitiva, lo que es importante para las personas, lo que da sentido a sus vidas.

Una visión reduccionista de las cosas, que no tenga en cuenta el interés y la emoción, solo produce tedio. Si no prestamos atención a lo que realmente nos importa como seres humanos, acabaremos distrayéndonos y dispersándonos. Lo importante nos mantiene centrados. Por ello, es preciso que el docente contribuya a canalizar la curiosidad y la atención de la persona a la que acompaña en el proceso de aprendizaje.

Así, la curiosidad, como si de una varita de hada se tratara, conjura la magia de la vida y saca al ser humano del sinsentido y el aburrimiento.

b) Se centra en los intereses, gustos y pasiones de las personas para dotar de sentido al proceso de aprendizaje

El aprendizaje centrado en la persona es motivador. Aquello que está conectado con nuestros intereses, gustos y pasiones lo sentimos más cercano y nos emociona: resonamos con ello. Algo nos dice que esto tiene que ver con quienes somos. La mente se coloca en actitud de recepción porque identifica la importancia que tiene para nosotros.

Como protagonistas de nuestra propia vida, para impulsarnos en ella, solemos recurrir a aquello que tiene sentido para nosotros. Aun así, la mayor parte del tiempo nos ceñimos a obligaciones y convenciones familiares y sociales. Sin embargo, nuestra existencia cobra un mayor sentido cuando actuamos en conexión con lo que amamos.

El corazón manda en la vida, es decir, decide, aunque a algunas personas les cueste creerlo, y la mente planifica las estrategias para seguir en la dirección que hayamos elegido. El corazón es sabio y poderoso; la mente, lista y estratega. Para conducirnos en esta vida, necesitamos ambos.

Es fácil comprobar cuándo se aprende por interés y cuándo se hace por obligación. En el primer caso, la persona se encuentra presente con todos sus sentidos: la mente se halla en actitud receptiva y el corazón está ávido por integrar lo que se le brinda. En el segundo caso, la emoción se deja a un lado, la mente pone el piloto automático y el corazón se resigna. En el mundo anglosajón y francófono, por ejemplo, se utilizan las expresiones *«learn by heart»* y *«apprendre par cœur»* (aprender con el corazón) respectivamente y se señala el corazón para hacer referencia al aprendizaje a fondo de algo. En España, se suele traducir dicha expresión como «aprender de memoria» y se señala la cabeza. Deberíamos reflexionar sobre por qué también los griegos consideraban que el lugar del cuerpo destinado al aprendizaje se encontraba en el corazón, como sigue ocurriendo actualmente en Oriente.

Conectar con lo que es importante para cada persona pone en marcha nuestro motor vital, alimenta nuestro espíritu y nos impulsa hacia adelante. La emoción (del latín *«emotĭo»*, que significa 'movimiento') es pura energía que actúa a modo de combustible y nos incita a movernos en la vida.

Cultivar intereses, gustos y pasiones debería ser nuestra brújula para guiarnos, ya que, de alguna manera, forman parte del ADN particular de cada uno. Si no los desplegamos y desarrollamos, antes o después nos embargará una sensación de tristeza y frustración. Reconocerlos es labor de cualquiera que se dedique a educar, ya sea en un contexto familiar, académico o terapéutico. Contribuir a ello es ayudar a la persona a apropiarse de su tesoro más valioso: aquello con lo que su vida cobra sentido. En este mundo disperso y escaso de referencias, en el que resulta fácil perderse, es el regalo más importante que puede hacerse a alguien.

Estoy de acuerdo con que cuantos más conocimientos tengamos sobre un tema, más rica será la perspectiva sobre él, pero acumular únicamente datos y contenidos no sirve para nada si no nos guiamos por un criterio. En ciencia, se trabaja con hipótesis para organizar la cantidad ingente de datos con la que se trabaja y marcar una dirección. También es posible aplicar un criterio a la enseñanza: yo abogo por dotarla de sentido para la persona inmersa en el proceso de aprendizaje. Conectar las competencias lingüísticas con la curiosidad, los intereses y las emociones de las personas hace que cobren sentido para ellas.

c) Da prioridad a la expresión frente a la corrección

Prima la expresión sobre la corrección, aunque se considera conveniente pulir el lenguaje para aumentar la precisión de la comunicación. Cuanto más corrijamos, menos deseos tendrá el estudiante de participar y comunicar. Y esto es aplicable a cualquier ámbito de la vida. El exceso de corrección abunda y ha hecho bastante daño. Corregir no es perjudicial, siempre que se utilice con mesura. Mi propuesta es potenciar la expresión y dejar a un lado la corrección excesiva.

Si corrigiéramos constantemente a los menores cuando aprenden a hablar en su idioma materno, es probable que su capacidad de expresión se viera mermada o que desarrollaran incluso problemas patológicos más adelante relacionados con la comunicación. Considero que, especialmente en las etapas más tempranas, esto es un rotundo error que solo genera frustración y desinterés. Desde aquí animo a cuestionar algunos métodos centrados en la corrección constante, algo que, de hecho, ya se está haciendo.

d) Emplea la emoción para fijar lo aprendido

El papel de la emoción en el aprendizaje es determinante. Recordamos aquello que nos emocionó, el resto lo olvidamos. Por eso, recordamos más de nuestra infancia cuando todo era una novedad.

La emoción marca prioridades y agudiza los sentidos. Y el docente puede crear las condiciones para mejorar el proceso. Hagámonos las siguientes preguntas: ¿con qué profesor o profesora aprendí más?, ¿a cuál no puedo olvidar?, ¿qué asignatura fue decisiva para elegir mi carrera profesional? Probablemente se trató de alguien que nos despertó sentimientos positivos o nos enseñó la materia de forma diferente a la habitual.

Estamos acostumbrados a aproximarnos al aprendizaje desde la obligación, el miedo o la seriedad. Pero si envolvemos este aprendizaje en otro tipo de emoción, podemos hacerlo más accesible y sencillo. Hay que empezar a vincularlo a la curiosidad, al interés e incluso a la diversión. Envolverlo en buen humor y alegría permite fijar los conocimientos de manera distinta a hacerlo, por ejemplo, desde la emoción del miedo.

Se suele recurrir al miedo para imponer al niño o niña reacciones y comportamientos que se consideran más adecuados, generalmente porque se piensa que es lo más eficaz. Pero ¿habría otra manera de conseguirlo? Tiene que haberla. Afortunadamente, la motivación y la autoestima han tomado un papel decisivo en el vocabulario asociado a la educación.

Aprender debería vincularse a la alegría de saber, de adquirir conocimientos, de satisfacer la curiosidad. Cada persona debe contribuir a cambiar este paradigma: docentes, padres y sociedad en general. Inculcar el gusto por aprender y la autorresponsabilidad deberían ser actitudes alentadas en la escuela, porque serán las bases del continuo crecimiento del ser humano a lo largo de su vida.

e) **Utiliza recursos creativos y artísticos para facilitar la integración natural de conocimientos**

El uso de recursos creativos y artísticos aporta variedad e interés al aprendizaje, ya que estos llegan allí donde el intelecto no lo hace. La creatividad permite conectar con la dimensión más auténtica del ser humano, aquella asociada a su libertad de pensamiento y originalidad; y el arte nos muestra el camino para dotar al individuo de herramientas que amplían sus posibilidades de percepción y expresión.

La aplicación de estos recursos facilita la asimilación de conocimientos y contenidos. Pero ¿cómo? Nuestro cerebro consta de dos partes: a la izquierda pertenecen la lógica y la racionalidad; a la derecha, las metáforas, imágenes, sensaciones y creatividad. Ambas partes están interrelacionadas y colaboran entre ellas. Pero si únicamente se pone el énfasis en el aprendizaje desde una parte, estaremos desaprovechando el potencial global que tiene cualquier individuo. El aprendizaje se asimila mejor cuando se hace considerando ambos hemisferios.

El inconsciente, conforme al que actuamos continuamente sin ni siquiera saberlo, tiene sus propias vías de expresión. Así, el arte es el vehículo ideal para acceder al potencial que encierra gracias a la proyección de sus contenidos. La mayoría de los bloqueos y problemas de aprendizaje son inconscientes, de ahí la importancia de acceder a él para abordarlos. Patrones de aprendizaje adquiridos sin darnos cuenta, traumas no reconocidos, emociones ignoradas, energías absorbidas de nuestro entorno, vivencias de excesos y carencias: todo ello se encuentra en el baúl del inconsciente, que lleno de recursos espera paciente a su apertura para ayudarnos a ser más completos y libres. Los recursos creativos y artísticos son la llave de ese baúl, porque hablan su lenguaje.

La magia se produce cuando se utiliza el potencial desaprovechado y se consigue comprender o asimilar contenidos que permanecían ocultos en una parte del cerebro hasta ahora menospreciada, ignorada o temida porque sale del control de la racionalidad y la lógica.

Mientras el consciente exige su utilización, el inconsciente pide que se lo conozca. Aprehender la realidad desde ambas dimensiones del ser humano supone una forma mucho más rica de aproximarse a ella.

En esta línea, es importante mencionar la importancia de dejar un espacio para la creatividad, la novedad y la sorpresa en las sesiones, no solo porque aportan satisfacción tanto al estudiante como al docente, sino para romper los esquemas del primero y recuperar su atención si se ha perdido en algún momento. Además, la creatividad será cosa de ambos, y el estudiante podrá comentar sus necesidades o sugerir propuestas.

f) Fomenta la participación del estudiante

El **enfoque creativo**, además de fomentar la participación activa del estudiante en las actividades y en general, incorpora su expresión con libertad, incluida la crítica o la queja, como una interesante fuente de información que permite confirmar si vamos por buen camino o toca reconducir. Es muy importante no ponerse a la defensiva, sino agradecerle que se haya expresado, siempre que no lo haya hecho de forma ofensiva. Es por ello que la escucha es fundamental.

g) Considera internet como una herramienta de exploración (vídeos, textos, ejercicios, juegos, etc.)

La revolución de internet es un hecho. El docente ha dejado de transmitir el conocimiento acumulado a lo largo del tiempo para convertirse en guía. El conocimiento está ahora en el ciberespacio. Y, por ello, el papel del docente ha cambiado. Ahora se trata de marcar el ritmo de aprendizaje, enseñar a discriminar la información y sus fuentes, fomentar la autorresponsabilidad, desarrollar el espíritu crítico, etc. Esto que, en definitiva, es aplicable a cualquier época de la humanidad, es ahora más importante que nunca. Se trata de enseñar a descubrir la utilidad de internet sin caer en la asimilación inconsciente de cualquier tipo de contenido; es decir, con espíritu crítico. Internet presenta numerosos peligros potenciales, como la manipulación y la desinformación, pero también grandes oportunidades. Vamos hacia la era del intercambio en todos los niveles, pero para sacar el máximo partido a esta nueva situación, es fundamental hacerlo con conciencia.

En cuanto a contenidos aprovechables para el aprendizaje, internet es una fuente inagotable de textos, vídeos, juegos, etc., y permite explorar, investigar, conocer, escuchar e interactuar. Por ello, es una herramienta única en el proceso de aprendizaje y asimilación de materias. También aquí es importante tener en cuenta el papel que ya está desempeñando y desempeñará en un futuro la inteligencia artificial.

h) Presenta la gramática de forma dosificada, conforme a las necesidades de las personas, para aprender, revisar o fijar los principales conceptos

Personalmente, no reniego de la importancia de la gramática en el aprendizaje de un idioma. Esta proporciona, como en un juego de

Lego, los elementos modulares que permiten construir estructuras más complejas. Pero la gramática debe dosificarse, es decir, no debería ocupar todo el espacio de una sesión de aprendizaje. Y también puede aprenderse de forma lúdica.

Una vez aprendida la base del idioma, es fundamental revisar de vez en cuando la gramática y seguir avanzando, según el nivel, para contar con herramientas que nos permitan reflejar cada vez mejor y con más precisión lo que queremos expresar.

*

El objetivo del enfoque creativo es aprender para asimilar los conocimientos a largo plazo, no para retener y olvidar.

Para conseguirlo, los contenidos deben estar vinculados de algún modo a nuestros deseos, intereses y pasiones. Así, el **enfoque creativo** se centra en integrar el idioma con naturalidad en nuestra vida real.

3 | EL APRENDIZAJE COMO VIAJE

S i tuviera que utilizar una metáfora para el aprendizaje, sería «un viaje». Verlo así le da una nueva dimensión.

Siempre empiezo mis sesiones con un viaje real, como una manera de conectar con el espíritu aventurero. Pido a la persona que me relate el último viaje que ha hecho, con un mapa delante. En ese momento la vergüenza da un paso atrás y la emoción toma las riendas. La persona se concentra en contarme sus recuerdos con todos los detalles mientras la escucho con atención. Mi interés es real, porque para mí lo más importante es que la persona se exprese y conecte con su emoción con libertad, olvidándose del juicio y de la corrección.

¿Qué necesitamos a la hora de hacer un viaje? A continuación cito los aspectos que hay que contemplar para su realización:

1. Identificar deseos y necesidades
2. Planificar
3. Equipaje
4. Guía
5. Llegar al destino

Veámoslos con más detalle:

1. Identificar deseos y necesidades

Al comienzo del proceso, suelo pedir a las personas que piensen en sus razones para empezar el aprendizaje, como si de un viaje se tratara. Les doy tiempo para que reflexionen sobre ello.

En general, en la vida es preciso identificar los propios deseos o necesidades con relación a todo lo que queremos hacer. Si estos no son consistentes, abandonaremos a la primera de cambio.

Eso es aplicable también al proceso de aprendizaje. Cuando somos escolares, es probable que actuemos por miedo o por agradar a nuestros padres, es decir, para que nos quieran y acepten. El miedo a decepcionar a los padres o al castigo suele estar muy presente en la vida del menor, ya que cree que, sin ellos en su vida, no podrá sobrevivir. En la edad adulta, es posible que comencemos o retomemos el aprendizaje de un idioma por razones laborales o porque nos encante viajar, nos guste determinada cultura, tengamos algún familiar en el extranjero, etc.

Propongo, por lo tanto, identificar no solo las razones prácticas o más evidentes, sino invitar a la persona a bucear en la curiosidad, intereses, gustos, pasiones, etc. El idioma se anclará así de forma permanente en ella porque estará vinculado a sus aspectos más personales.

La motivación es el punto de partida y el motor con el que no solo arrancará el aprendizaje, sino al que recurriremos cuando se nos olvide para qué nos hemos embarcado en él.

2. Planificar

Veamos los pasos para planificar este viaje del aprendizaje:

En principio, para iniciar el viaje habrá que buscar un **guía**, alguien que ya conozca el camino o sepa moverse por territorios desconocidos. Su papel será fundamental, especialmente si el territorio es complicado. Será la persona que acompañará al estudiante en el proceso de aprendizaje. En la era de internet, el docente ha dejado de tener el papel de transmisor de conocimientos para convertirse en guía, dada la cantidad ingente de datos a disposición de cualquier persona. Señalará información, territorio a explorar, alentará en las horas bajas y enseñará a discriminar contenidos en internet.

También hay que **identificar el destino**. Este consiste en integrar el idioma con naturalidad en la propia vida. Es decir, conseguir que el alumno se exprese y lo haga cada vez mejor en aquellos ámbitos que más le interesen, con el entusiasmo y el interés como compañeros de viaje. Para ello, es esencial autorresponsabilizarse del proceso de aprendizaje y que el estudiante tome conciencia de su papel activo en él. Como puede verse, el **enfoque creativo** en realidad es sustancialmente práctico.

A lo largo del viaje se van a plantear situaciones que actuarán como barómetro o indicador del punto donde se encuentra el estudiante y a qué distancia está de su destino. Un viaje a otro país, una entrevista de trabajo o una conversación con amigos extranjeros... le indicarán si se va a acercando a él. Ser consciente de ello permitirá identificar no solo los avances sino también las deficiencias concretas en las que seguir trabajando.

Presto mucha atención a los comentarios que me hacen cuando descubren, en alguna situación, que han avanzado. Son pequeños hitos en el camino que alientan al estudiante, y también al docente.

Veamos algunos ejemplos:

- Se me acercó una pareja extranjera y me pidió indicaciones para ir a un lugar. Se las di y me quedé charlando un rato con ellos. Nunca lo hubiera hecho antes.

- Estuve en una cena el otro día. Entre los asistentes había un chico británico, y hablé mucho con él.

- Me sorprendió hablar en inglés todo el tiempo durante una excursión.

- Me he dado cuenta de que entiendo mucho más ahora.

- Me noto con menos vergüenza al hablar en español.

Una vez identificadas las razones personales para aprender un idioma y el destino, toca **fijar el itinerario**. El guía trazará uno aproximado partiendo del nivel y expectativas del alumno. Aunque dicho recorrido se vaya desplegando a medida que se viaje por él, es importante conocer la dirección, las paradas y el ritmo de avance. Todo esto podrá determinarse en las primeras semanas, a medida que se vaya conociendo al alumno.

Por último, es fundamental **conectar con nuestro espíritu aventurero** para empezar a aprender. Pero ¿cómo se hace? Al inicio del proceso de aprendizaje, como he comentado anteriormente, suelo pedir a los estudiantes que me relaten su último viaje. En ese momento, al recordar dicha experiencia, se les iluminan los ojos y su estado de ánimo cambia.

3. Equipaje

¿Qué meteremos en la maleta? Llevaremos cuatro elementos fundamentales: creatividad, arteterapia, gramática e internet.

Creatividad

La creatividad es la capacidad que tenemos para generar nuevas ideas y conceptos, o asociaciones entre ideas y conceptos conocidos, que pueden conducir a soluciones originales.

¿Cómo se aplica la creatividad a la enseñanza de idiomas?

Empleando recursos creativos

Existen ilimitados recursos creativos que pueden aplicarse a la enseñanza de idiomas: actividades de arteterapia, dinámicas, juegos, libros, recursos de coaching, herramientas educativas, propuestas creativas, etc. Cuantos más recursos conozcamos, mejor. La bibliografía especializada e internet son una buena fuente de ellos.

Es importante que la persona que acompaña al estudiante durante el proceso genere también sus propios recursos creativos, por lo que debe cultivar su propia creatividad y darle la importancia que merece. Puede buscar recursos y también crearlos, poniendo a prueba sus propias ideas sobre el terreno.

Como puede verse, la creatividad desempeña un papel fundamental en la sesión de aprendizaje. Es esencial tener autoconfianza y la certeza de que surgirán las soluciones idóneas ante las distintas situaciones y desafíos que se presenten en cada momento. Esto que es aplicable a la vida en general, lo es también a una sesión de aprendizaje.

Si el docente se permite expresar su propia creatividad, no solo generará sus propias propuestas, iniciativas y dinámicas, sino que servirá de modelo para el alumno. Así transmitirá al estudiante la importancia de confiar en su creatividad y se le animará a utilizarla y potenciarla.

La creatividad no es una habilidad reservada a unos pocos, es una capacidad que todo el mundo tiene. Conectar con ella es nuestro derecho como seres humanos y lo que marca la diferencia entre reaccionar de forma automática a una situación y responder a ella conforme a lo que deseamos y cada situación exige.

Dando espacio a la flexibilidad y la improvisación

Para que la creatividad emerja, es fundamental cierto margen de libertad. La rutina y la estructura ocupan su lugar y cumplen su función, pero en exceso pueden ser enemigos de la creatividad. Es preciso dejar espacios para que se produzcan momentos en que la creatividad pueda desplegarse. Es en ellos donde tienen lugar los momentos más alentadores e inspiradores.

La persona que guía debe cultivar su propia flexibilidad y capacidad de improvisación no solo para favorecer el aprendizaje, sino para alentarlas en los demás e incluso servir como modelo en este sentido.

Saber cuándo actuar con rotundidad, dar libertad, restringir, hacer, ser tajante, permitir, sentir, capacitar, inspirar, etc., es un arte y una sabiduría que cualquier docente debería fomentar en sí mismo.

La preparación y un guion mínimo son fundamentales, pero también lo son la flexibilidad y la improvisación.

Arteterapia

¿Qué es la arteterapia?

En palabras de Elvira Gutiérrez, pionera de la arteterapia en España, consiste en la utilización de medios artísticos en un contexto terapéutico o de autoconocimiento y desarrollo personal.

El arte, en la dimensión que vamos a utilizar aquí, es cualquier actividad u obra realizada por el ser humano mediante la cual se expresan ideas, emociones o, en general, una visión del mundo con una finalidad de toma de conciencia y comunicación.

La arteterapia se suele utilizar con fines terapéuticos o de autoconocimiento. Entonces, ¿por qué se puede aprovechar su potencial en el ámbito del aprendizaje? Pues porque los bloqueos y dificultades que se experimentan a la hora de aprender tienen mucho que ver con la vida y el inconsciente de las personas. Lamentablemente esto no suele tenerse en cuenta y muchos individuos llegan a la vida adulta sin saber a qué se deben sus dificultades y culpándose por su incompetencia.

La persona cualificada como arteterapeuta ha recibido la formación adecuada para identificar estas dificultades y abordarlas, reconocer las resistencias y acompañar al cliente. Este se transformará durante su viaje de aprendizaje y crecerá no solo en conocimientos, sino como persona.

Necesitamos miradas amables para vivir y desplegar nuestro potencial, personas que nos apoyen en nuestros retos y también que nos cuestionen desde la compasión para favorecer nuestro crecimiento.

¿Qué papel puede desempeñar la arteterapia en la enseñanza de idiomas?

Se emplean propuestas, iniciativas y recursos artísticos inspirados en la arteterapia con objetivos como los siguientes: aumentar la autoestima, potenciar la expresión, incrementar la confianza, fomentar la comunicación e integrar el idioma con naturalidad. También permite hacer conscientes las limitaciones y bloqueos para abordarlos, superarlos, avanzar y aplicar el proceso en otros ámbitos.

El arte se emplea exclusivamente dentro de la dimensión descrita, es decir, se prescinde de la excelencia en técnicas artísticas e importa más el cómo que el resultado.

Al igual que los recursos creativos (con los que a veces se solapan), los recursos artísticos son ilimitados. Partiendo de un recurso básico, es posible considerar múltiples variantes, por lo que las opciones son inagotables.

Se puede recurrir a cualquier recurso artístico para emplearlo con los fines indicados. Por ejemplo: pintura, escritura, *collage*, fotografía, baile, movimiento, teatro, etc. Cada recurso servirá mejor a un objetivo concreto: nuestro inconsciente se proyecta en todo lo que hacemos, pero el uso de recursos específicos nos permite poner el foco conscientemente en sus contenidos para apropiarnos de ellos. Bloqueos, potencial, sueños, talento, necesidades, deseos: todo sale a la luz para que podamos abrazarlos.

La arteterapia permite llegar allí donde no llega el consciente y utilizar otras formas de expresión, además de la verbal. Su uso en el aprendizaje es muy valioso, ya que tiene en cuenta factores, aparte del intelecto, que influyen en la asimilación de contenidos. Además, favorece la autorresponsabilidad y confianza en el propio potencial.

En concreto, en el ámbito de la enseñanza de idiomas, la arteterapia facilita la detección de dificultades y la integración del idioma con naturalidad, al no limitarse a la esfera meramente intelectual. También contribuye al crecimiento durante el proceso de aprendizaje, porque un idioma abre nuevos horizontes a nuestra vida y amplía nuestro mundo.

Mi formación en arteterapia me permite apreciar el enorme valor de este uso del arte con otros fines que no sean únicamente la producción de obras como resultado de un proceso no consciente, y he sido testigo de su eficacia.

Gramática

Esta ofrece, como en un juego de Lego, los módulos básicos que nos permiten comunicarnos. Sin embargo, la gramática debe dosificarse, es decir, no debería ocupar todo el espacio de una sesión de aprendizaje. Y puede aprenderse y mejorarse de forma lúdica.

Una vez aprendida la gramática básica, es fundamental revisarla de vez en cuando y seguir avanzando según el nivel.

Internet

Esta red que se extiende por todo el mundo y permite compartir recursos a millones de usuarios podría definirse como una gran biblioteca virtual con todo tipo de información y conocimientos a la que cualquier persona puede acceder desde cualquier parte del mundo.

¿Cómo se aplica internet a la enseñanza de idiomas?

Se utiliza como fuente inagotable de información, conocimientos y recursos al que recurren tanto el guía como el estudiante.

Las funciones del guía con relación a internet son:

- Filtrar, simplificar y discriminar los contenidos según lo que el estudiante necesita.
- Orientar al estudiante y señalarle las posibilidades.
- Animar al estudiante a investigar y emplear los recursos por su cuenta.

Internet permite a los guías emplear el método de «clase invertida» (*flipped classroom*): se sugiere una tarea y el estudiante la prepara en casa explorando por su cuenta, o se propone realizar un proyecto o presentación con información presente en internet.

Es importante mencionar aquí la emergente inteligencia artificial para la consulta de información y la creación de contenidos, que aún está en ciernes. Falta observar su trayectoria en el tiempo. De cualquier modo, el papel del docente seguirá siendo de guía también en este caso.

4. Guía

Se caracteriza por:

a) Mantenerse en su centro.

b) No juzgar.

c) Concentrarse en el potencial del estudiante.

d) Motivar.

e) Confiar en el estudiante.

f) Acompañar.

g) Transmitir entusiasmo.

h) Dejar de ser transmisor de conocimientos para ser guía.

i) Hacer consciente el proceso de aprendizaje.

j) Escuchar activamente.

k) Fomentar la autorresponsabilidad y el «darse cuenta».

l) Mirar con amor.

m) Inspirar.

n) Encontrar el motor de la motivación.

a) Mantenerse en su centro

La persona debe mantenerse centrada o al menos ser consciente de la necesidad de volver a dicho punto una y otra vez. Desde ahí es más fácil conectar con el estudiante, la situación y las necesidades concretas que se plantean en cada momento.

Se trata de adoptar una actitud de escucha activa, neutra y atenta mientras nos mantenemos enraizados en nuestro cuerpo. En otras palabras, es preciso mantener el equilibrio entre la atención al exterior y la atención al interior y a nuestras sensaciones corporales para desde ahí estar más presentes y atender lo que surja.

b) No juzgar

Es fácil darse cuenta de cuando alguien nos está juzgando. De algún modo, la persona deja de vernos realmente para buscar qué etiquetas colocarnos. Al estudiante le pasa lo mismo. Frente al juicio, es difícil que dé lo mejor de sí mismo.

El juicio coloca etiquetas, establece categorías y deja poco margen para que la persona despliegue su potencial y todos sus matices. El juicio constriñe y limita.

Recuerdo que antes de mi formación en arteterapia pensaba que era imposible no juzgar, que cada interacción con un ser humano conllevaba siempre el juicio. Con el tiempo, aprendí que no solo era posible, sino que la liberación que supone es enorme.

A veces, cuando pido a alguien que pinte algo por primera vez, muestra cara de terror y afirma que no sabe, que va a hacerlo fatal, etc.; esgrime todo tipo de justificaciones y excusas para no hacerlo. En el fondo es simplemente miedo. La reacción se intensifica con la edad. Aprovecho para decirle que no me importa el resultado, sino que pueda expresarse con libertad y autenticidad, que eso es lo más valioso. Es ahí donde pongo el foco y así lo transmito. Disfruto mucho cuando veo cómo la persona se suelta con los lápices o las ceras y finalmente se expresa. El mero hecho de conseguirlo ya lo considero una victoria. Y cuando exploramos conjuntamente lo que ha hecho, es otro momento mágico, ya que descubre que es interesante lo que tenemos delante. No se trata de que esté bien o mal, de que sea bonito o feo, sino de que el papel o el soporte utilizado refleja su esencia. En ocasiones necesita tiempo, porque tiene muchas resistencias debido a sus experiencias vitales previas. Entonces, respeto y espero el tiempo que sea necesario, incluso semanas, para volver a intentarlo. La espera merece la pena.

c) Concentrarse en el potencial del estudiante

Tendemos a prestar atención a unos pocos rasgos o aspectos de las personas. Esto tiene más que ver con nosotros que con ellas. Es difícil detectarlo porque generalmente es un proceso totalmente inconsciente, pero conocer esta tendencia nos ayuda a reconocer nuestra propia visión limitada.

Para «ver» el potencial de los demás, es preciso «verlo» antes en nosotros; de ahí la importancia de crecer como personas durante la trayectoria profesional. Cuanto más crezcamos, más potencial percibiremos en el otro y mejor podremos ayudarle a desplegarlo.

No suelo encontrarme con personas con una autoestima exagerada, sino todo lo contrario. Generalmente han aprendido a considerarse incompetentes, a veces incluso inútiles, en cuanto a los idiomas. El docente debe ir más allá. Lo que vemos del otro no es la realidad, sino que depende de dónde miramos. Si no vemos el potencial, no estamos mirando correctamente.

d) Motivar

Es prioritario atender constantemente al punto donde está el estudiante para saber si su interés decae o no, y determinar si es el momento de alentar y animar. Para ello, hay que practicar la escucha activa en todo momento. Si se exige demasiado, la persona se frustrará y bloqueará, y si se pide demasiado poco, se aburrirá. Es esencial valorar continuamente si vamos o no en el buen camino. Aflojar la cuerda si la exigencia es excesiva y tensarla si ocurre lo contrario es fundamental para la buena marcha del proceso de aprendizaje. Motivar implica conocer al estudiante, saber cómo volver a avivar la llama y hacerlo reconectar con su entusiasmo.

El vínculo entre docente y estudiante es también un factor motivador muy importante. Un estudiante visto, apreciado y valorado se mostrará más satisfecho y dispuesto a aprender y a dar lo mejor de sí mismo. Así, el entusiasmo por parte del docente será determinante para transmitir la energía necesaria para favorecer el aprendizaje.

e) Confiar en el estudiante

Todos notamos cuando alguien confía en nosotros. Las miradas de los padres y del resto de personas de referencia que acompañan la infancia siguen en la vida adulta. Si la mirada recibida ha sido de confianza y cariño, la persona la internalizará y es así como se verá a sí misma.

En el caso de un idioma, la mirada de la madre es especialmente importante, porque es la persona determinante en la adquisición del lenguaje. Soy consciente de que desempeño ese papel de algún modo, así que lo hago con la mayor dignidad posible, consciente de su simbolismo e importancia, dando permiso con mi mirada a la persona para que aprenda el idioma.

Pase lo que pase a lo largo del proceso de aprendizaje, es preciso no dejar a un lado la confianza. Hay que tener presente que, aunque la persona no dé lo mejor en un momento dado, lo hará en otro momento más adelante. Es preciso ser paciente, confiar y sostener esta actitud hacia ella.

He visto llegar a la sesión personas con enfado, tristeza, impotencia… No es frecuente, pero a veces pasa. En cualquier caso, reconozco que no tiene nada que ver conmigo y sigo adelante. Acepto la emoción que han traído y no me pongo a la defensiva, sino que adopto una actitud comprensiva y las animo a hablar de lo que les pasa. Siempre confío en que, después de atravesar la emoción, será posible seguir avanzando.

f) Acompañar

El papel de guía consiste en acompañar y tener presente que simplemente caminará al lado del estudiante un tiempo. Durante ese período, entregará lo mejor de sí en beneficio de este. Es fundamental observar y escuchar al estudiante para detectar altibajos, que siempre existen en cualquier proceso de aprendizaje.

También hay que detectar cómo se encuentra al llegar a la sesión. A veces, se lo alentará a «soltar» aquello que le preocupa o tiene atrapada su atención para que se «libere» y pueda concentrarse totalmente en el aprendizaje. Esto puede hacerse mediante la expresión oral o utilizando algún otro recurso como la escritura, la pintura, etc. Otras veces habrá que acoger su entusiasmo por lo que ha descubierto, invitarle a relajarse si ha tenido un día ajetreado o detectar su desánimo para transmitirle entusiasmo o curiosidad.

Aquí, mantenerse presente es fundamental. No se trata de aconsejar, ordenar o imponer, sino simplemente estar ahí.

g) Transmitir entusiasmo

El entusiasmo es energía, y esta también puede utilizarse y encontrar su lugar en la sesión. Es como el combustible que se transmite a la otra persona para alentarla. La mera presencia de alguien entusiasta puede *contagiar* esta energía. Si el estudiante se encuentra desmotivado, una palabra, actividad o gesto puede reconducirlo al camino del proceso de aprendizaje. Por ello, es muy importante que la figura del guía cuide su propia energía para poder emplearla en beneficio de los demás.

Es fácil detectar cuando a alguien no le gusta lo que hace o se aburre, así que mantener la conexión con la fuente del propio entusiasmo es fundamental. Hasta los bostezos se transmiten entre dos personas que están en la misma habitación.

h) Dejar de ser transmisor de conocimientos para ser guía

Ya he mencionado que, en la era de internet, el papel del docente ha cambiado drásticamente. Tiene que reinventar su papel, como otros profesionales, porque ahora casi cualquier tipo de conocimiento está al alcance de todo el mundo. En su función de guía, el docente tendrá que ayudar y educar al estudiante en la discriminación de la información, el espíritu crítico y la forma de encontrar los mejores recursos.

En el pasado, el docente transmitía la información; ahora esta se encuentra en internet o incluso la facilita la inteligencia artificial, y es fundamental aprender qué hacer con esta información. Ni todo vale ni todas las fuentes son fiables. Debemos aprender a desarrollar nuestra capacidad para desenvolvernos entre tal cantidad de datos si no queremos que acaben abrumándonos o confundiéndonos.

i) Hacer consciente el proceso de aprendizaje

Es importante que el estudiante se responsabilice de su proceso de aprendizaje, pero a veces tendrá que aprender a hacerlo. Hacer consciente sus mecanismos de aprendizaje, resistencias y avances le permitirá conocerse mejor y aplicar lo que descubra a sus procesos de aprendizaje en otros ámbitos, e incluso a la propia vida. Así, no solo integrará una materia concreta, sino un enfoque de aprendizaje funcional y efectivo aplicable a cualquier aspecto de su propio desarrollo y crecimiento.

Iniciarse en la toma de conciencia capacita a cualquier persona, ya que hace posible cambiar patrones, avanzar, dejar de ser reactivos y encontrar los propios recursos. Así se pasa del «no puedo» al «voy a poner los medios para conseguirlo». La persona que guía hará preguntas e indicaciones para señalar a qué debe prestar atención el estudiante, que poco a poco adquirirá las destrezas necesarias para dirigir su propio proceso de aprendizaje.

Recuerdo a una adolescente que, un día, a punto ya de acabar el proceso conmigo, me dijo que se había dado cuenta de que inconscientemente conseguía que el profesor la echara de clase. Y añadió que, a partir de ese momento, su relación con él había cambiado. Es decir, había hecho consciente un patrón inconsciente para que este dejara de tener poder sobre ella. En mi papel de guía, le proponía, entre otras cosas, que participara cada vez más en clase, por ejemplo, con pequeñas tareas como levantar la mano al menos una vez para responder a alguna pregunta del profesor. Luego debía contármelo. Su actitud en clase cambió: a) al asumir su propia responsabilidad, b) al darse cuenta de su comportamiento, c) al aprender paso a paso una nueva forma de participar en una clase, y d) al valorar el avance que supone cada pequeño paso que damos. El resultado positivo que obtenía la animaba con su nueva actitud.

j) Escuchar activamente

Escuchar activamente, es decir, prestar atención al punto en que se encuentra la persona, pasa por acallar nuestro diálogo o ruido interior para estar plenamente presentes. La escucha nos permite detectar las necesidades ajenas. Es fundamental saber escuchar no solo las palabras, sino la frustración, la curiosidad, la preocupación, el interés... Es decir, atender también al lenguaje no verbal. Esto nos permitirá reconocer cada situación como única y responder de forma idónea. Todas las personas damos más de nosotras mismas cuando sentimos que nos escuchan, porque, como se dice en la película *Pandora*, nos sentimos vistas.

Hay múltiples formas de trabajar la escucha, que se puede ir afinando con la experiencia para convertirla en un poderoso instrumento.

k) Fomentar la autorresponsabilidad y el «darse cuenta»

Es esencial que la persona se responsabilice de su propio proceso de aprendizaje. Si se le formulan preguntas para que encuentre sus propias respuestas, siente que recurre a su propia inteligencia y conocimiento, lo que contribuye a aumentar su confianza. Con el tiempo, aprende a hacerse sus propias preguntas y a contestarlas, internalizando así una manera de autorresponsabilizarse que le servirá con cualquier otra materia y en cualquier otro ámbito de su vida. No le hacemos ningún favor adelantándonos a sus respuestas y haciendo que nos perciban como alguien superior con relación al conocimiento, ya que así creamos personas dependientes de las figuras de autoridad. Se puede interiorizar tanto que las figuras de autoridad tienen la última palabra que acabemos dándoles la razón aunque estén equivocadas.

Señalar las respuestas y comportamientos reactivos arroja luz y permite a la otra persona darse cuenta y poder modificar los patrones y el comportamiento, sin perjuicio de que a veces se necesite cierto entrenamiento o práctica para integrarlos con naturalidad.

En un momento determinado, el estudiante asumirá su responsabilidad en el proceso de aprendizaje. Suele haber señales que lo indican, por ejemplo, que comience a hacer sugerencias o a tomar la iniciativa, pida consejo sobre cómo puede contribuir a acelerar su propio proceso o relate algún descubrimiento personal relativo a su comportamiento. Esto indica que estamos en el buen camino.

l) Mirar con amor

Puede sonar a sensiblería, pero no lo es. A veces pierdo, en la cotidianidad de la vida, la mirada de amor hacia los estudiantes y mi trabajo se resiente. Comienzo a sentir pereza y cansancio y a cuestionarme lo que hago. Entonces, recuerdo que si no miro con amor, el aprendizaje no va a funcionar.

La mirada de amor ablanda el juicio y va más allá de lo superficialmente evidente. Permite centrarse en la grandeza de la persona, ya sea menor o adulta, y confiar en su enorme potencial. Es entonces cuando la magia se despliega. Sé que de alguna manera la persona lo nota, al igual que advertimos el amor en la mirada de las personas que nos valoran y nos quieren.

Con los menores, esto es aún más importante. Los padres ven solo algunos aspectos de sus hijos, los que se cristalizan en la relación familiar. La persona ajena a la familia ve otros. Los menores despiertan en mí una especial compasión y ternura, por un lado, porque me retrotraen a cuando yo lo era, y por otro, porque percibo su indefensión y las etiquetas a las que responden. Yo llego sin datos previos ni expectativas y me encuentro simplemente ante un ser humano que comienza a caminar por la vida experimentando una pugna continua entre lo que realmente es y lo que se espera que sea. Nadie dio nunca un manual de instrucciones a los padres, así que estos actúan como pueden y saben, generalmente repitiendo patrones de lo que ellos vivieron o que han visto hacer antes.

m) Inspirar

Se aprende por imitación. Esta afirmación debería tenerse en cuenta como una máxima en educación tanto en el ámbito del hogar como en la escuela. Es definitivamente mucho más eficaz que las palabras, especialmente si los comportamientos las desdicen. Cuando el cerebro lo detecta, entra en conflicto y desconecta.

Como pidió Gandhi: «Sé el cambio que quieres ver en el mundo». O como oí decir a una monja budista: «El caso eres tú, deja de mirar lo que hace el otro». Cualquier docente, por el mero papel que asume, debe ser un ejemplo. Si quiere despertar algo en otra persona, debe empezar por sí mismo. Si desea que el estudiante sienta curiosidad, deberá mostrarla. Si quiere que desarrolle interés por otras culturas, es importante que también lo tenga. Si busca transmitir entusiasmo por otros idiomas como la llave que conduce a la cultura de un país y a la comunicación con sus habitantes, tiene que sentirlo. La emoción desempeña un papel fundamental para conectar con los demás. No se trata de decir, aconsejar, instruir…, sino de ser un modelo a imitar.

n) Encontrar el motor de la motivación

La motivación puede ser un factor muy poderoso para relajarse e incluso divertirse durante el proceso de aprendizaje o para desbloquear la sensación de indefensión y fracaso. Para descubrirla, es fundamental conocer a la persona. Hay que comenzar explorando lo que le gusta sin invalidar sus preferencias o emociones, hasta descubrir, a través de la escucha activa y la observación, qué la impulsa y da sentido a su vida.

A continuación, narro el caso real de un adolescente que incluye todas las funciones del guía:

Una vez me llamaron para un caso urgente. Se trataba de un adolescente que había suspendido, en la penúltima evaluación, cinco asignaturas que se impartían en inglés en su colegio. Su padre quería que yo acompañara a su hijo en la difícil misión de darle la vuelta a esa tendencia al final del curso. El contexto de la vida del chico era complicado. Había nacido en un país sudamericano y había sido adoptado por padres españoles que, en el momento en que tuve las sesiones con él, se encontraban separados. El chico pasaba unos días de la semana con el padre y otros con la madre, y su situación no era fácil debido a los desplazamientos de una casa a otra y a las dificultades inherentes a la experiencia de separación de los padres.

Teníamos tres meses para cambiar el final de su historia de fracasos con el inglés. A pesar de la urgencia, siempre encontramos tiempo para que hablara de él y de sus dificultades escolares y personales.

También había que buscar el motor de su motivación, pero para eso había que conocerle mediante la escucha activa y la observación.

Recurrimos al dibujo para que se expresara de una forma diferente y más relajada, e indagamos en sus aficiones y gustos. Siempre confié en su potencial, que yo consideraba intacto a pesar de lo ocurrido. También nos concentramos en buscar juntos la forma más práctica de conseguir resultados satisfactorios en las materias. Me convertí en su cómplice y trabajamos juntos para alcanzar un objetivo: no solo superar los exámenes, sino aumentar su autoestima y confianza y, por supuesto, disfrutar de un buen verano. Nunca le juzgué ni tiré la toalla. Simplemente lo «vi» en su contexto y con toda su dignidad, y me puse de su lado. Aprobó las cinco asignaturas.

Mi papel de guía estuvo inspirado en gran medida en lo aprendido durante mi formación en arteterapia gestalt de orientación humanista, que cultiva muchas de estas características y transmite el respeto absoluto al ser humano y a su proceso de crecimiento. Ahí encontré respuestas a algunas preguntas que habitualmente quedan sin contestar desde otros enfoques.

5. Llegar al destino

¿Cómo sabremos que estamos en el camino correcto para llegar a nuestro destino? Lo sabremos cuando la persona...

- en lugar de preocuparse por cómo lo hace, busque comunicarse;
- haya comenzado a responsabilizarse de su proceso de aprendizaje;
- disfrute con el idioma.

4 | MENORES

Con los menores, a veces me siento como Mary Poppins, que llega volando con su bolso de recursos para acompañar durante un tiempo y, luego, sale de sus vidas. Al contrario de lo que se puede pensar, el bolso está lleno de recursos sencillos y eficaces que ayudan a conectar con el menor.

¿Qué podemos hacer para ayudar a aprender un idioma?

Hay muchas oportunidades para promover el proceso de aprendizaje de idiomas. Vamos a profundizar en algunas:

a) Fomentar la curiosidad por otros países y culturas.

b) Animar a buscar información de interés en otro idioma.

c) Evitar corregir continuamente.

d) Aprovechar recursos artísticos para potenciar la expresión.

e) Compartir actividades.

f) Viajar.

g) Jugar.

h) Leer cuentos.

i) Apoyar el proceso de aprendizaje.

a) Fomentar la curiosidad por otros países y culturas

Al igual que un menor que ve libros en su casa tiende a sentirse más interesado por leer, aquel en cuyo entorno existe la curiosidad por otros países y culturas se siente más inclinado a ampliar su conocimiento sobre ellos. Si los padres muestran interés por los idiomas, ellos también lo tendrán. Por imitación, porque aprenden realmente así y no por lo que les decimos. Si los padres no lo tienen, pero al menos los animan, transmiten entusiasmo y alientan a aprender de forma lúdica, el efecto será parecido. Sin embargo, no hay nada más eficaz que ser un modelo genuino de lo que se quiere transmitir. Los menores tienen un sexto sentido para detectar las incoherencias.

El interés por el resto del mundo, más allá de nuestro entorno más próximo, permite dejarse guiar por el motor más importante del ser humano: la curiosidad. Junto con la ilusión, la curiosidad nos permite seguir adelante durante nuestra vida. Ambas contribuyen a nuestra salud física y mental.

Así, explorar es fundamental para mantener el interés por la vida. Recuerdo un programa de televisión del entrenador canino César Millán, en el que una mujer rica y su hija recurrían a él porque su perro estaba deprimido. Él les indicó que el hecho de que el perro nunca saliera de casa era fundamental. Ellas alegaron que el jardín era enorme. Su respuesta fue algo así como: «Sí, pero lo conoce perfectamente: un perro también se aburre». Y siguió comentando que un perro necesita conocer otros perros y explorar nuevos territorios.

b) Animar a buscar información de interés en otro idioma

Observar al niño o niña es fundamental para ver cómo es; sin prisas. Una vez detectado qué le gusta hacer o le interesa, se le puede animar a buscar información en otro idioma. El interés es un motor decisivo; se trata de un poderoso aliciente que es importante reconocer, un recurso al que podrá recurrir el resto de su vida.

No hay que esperar a llegar a la universidad o desempeñar una carrera profesional. Si enseñamos a un menor las ventajas de conocer otros idiomas, las incorporará a la maleta de su vida.

c) Evitar corregir continuamente

El exceso de corrección lleva al bloqueo. No solo ocurre con los menores: ¿cuántas personas adultas dejan de realizar ciertas tareas o sienten rechazo hacia ellas porque su pareja o superiores las corrigen constantemente?

En mi opinión, debe haber espacio tanto para la diversión como para la mejora. En el pasado, cualquier aprendizaje conllevaba corrección y castigo, y con ello frustración y desánimo. Todavía hoy sigue ocurriendo de algún modo. Tendemos a huir de lo que nos produce todo eso, y por eso no es de extrañar que tantas personas tengan problemas con el aprendizaje de los idiomas.

Me suelen llegar personas que han estudiado un idioma durante unos dieciséis años y no consiguen hablarlo. Tantos años de corrección excesiva han dejado su huella. Vienen a mí con la contradicción interna de necesitarlo, pero al mismo tiempo de odiarlo o al menos sentir un gran rechazo. Poco a poco las ayudo a ir desbloqueándose e ir «celebrando» todo lo que representa conocer un idioma. Aparte de las razones personales, que son las más importantes para motivarse, se encuentran razones generales, como la enorme riqueza que supone un idioma como llave para acceder a una cultura diferente a la propia y abrir una puerta sumamente interesante.

La alternativa a la enseñanza mediante corrección es la que se basa en animar, apoyar, alentar, confiar. El objetivo es celebrar el aprendizaje y ayudar a la persona a que busque sus propios recursos y termine responsabilizándose de su propio proceso.

d) Aprovechar recursos artísticos para potenciar la expresión

El arte ofrece enormes posibilidades para el aprendizaje. Todos sabemos que permite la expresión de la propia creatividad y autenticidad, y hemos aprendido aquí que puede emplearse para identificar patrones, detectar resistencias, integrar conocimientos, descubrir recursos y favorecer la comprensión, pero también se puede afirmar que es magnífico para aprender.

Los recursos artísticos nos permiten acceder al lado derecho del cerebro, el lugar mágico donde residen las metáforas, las imágenes, la creatividad, etc. Si conseguimos que cualquier tipo de aprendizaje pase por él, integraremos el conocimiento con naturalidad y este entrará a formar parte de nuestra maleta vital. Desde ahí, se aprende disfrutando, jugando, experimentando…, y nada mejor que la emoción para aprender. La emoción es el «pegamento» que fija el conocimiento en la memoria, o como dice el Dr. Daniel López Rosetti: «La emoción es el cemento de la memoria».

Este tipo de recursos, que facilitan la expresión de lo más genuino que hay en nosotros, aporta satisfacción. Tras la expresión artística, viene la fase de relatar cómo y qué se ha plasmado. Gracias al arte, que favorece la espontaneidad, se consigue que el estudiante se centre en comunicarse y expresarse desde un lugar muy auténtico y personal en lugar de estar constantemente preocupado por hablar a la perfección.

e) Compartir actividades

Los padres pueden compartir todo tipo de actividades con sus hijos e hijas. Realizarlas utilizando el idioma que se está aprendiendo es una forma estupenda de practicarlo y afianzarlo. Si son divertidas, mejor. Se pueden compartir juegos, lecturas, vídeos e incluso cocinar. También es posible escuchar canciones o cantarlas, por ejemplo, mientras se va en coche. Cualquier actividad compartida es eficaz.

f) Viajar

El interés por aprender un idioma se despierta muchas veces en los viajes. La necesidad de comunicarse con personas de otros países y la curiosidad por su cultura actúa como un poderoso motor en este sentido. Si queremos despertar en un menor el gusto por otros idiomas, es importante que se viva en casa el viaje como algo natural y enriquecedor en la vida y que se aproveche la oportunidad que representa conocer otras culturas. El menor aprende por imitación y, si ve esto en casa, acabará interiorizándolo en su vida. Viajar, compartir lecturas o vídeos sobre países e interesarse por otros modos de vida son algunas de las maneras en las que experimentar el entusiasmo por los viajes en el hogar.

g) Jugar

Es la mejor forma de aprender para un menor. En el caso del aprendizaje de un idioma, es fundamental. No solo porque estaremos creando una experiencia positiva que contribuya a mantener el interés, sino porque el foco se traslada al juego. Así, el niño o la niña queda libre de la exigencia y la obligación y empieza a absorber y asimilar el conocimiento de manera natural. Su juez interior queda a un lado y disfrutar se convierte en su máxima prioridad; simplemente está jugando. La situación se convierte entonces en una estupenda oportunidad para aprender. Si el juego es divertido, es aún mejor. Además, se trata de un recurso fácil de utilizar, porque cualquier actividad infantil puede utilizarse para practicar un idioma.

Como he indicado en el párrafo anterior, es preciso crear una experiencia satisfactoria para mantener el interés, y practicar un idioma jugando es una manera excelente de engancharse a él desde muy pequeño.

Existe abundante literatura de la que extraer juegos con dicha finalidad, pero sirve cualquier juego infantil habitual. Hacer de la práctica una tarea conjunta en familia o en grupo facilita enormemente el aprendizaje. Si a todo ello le añadimos risa y diversión, el resultado será todavía mejor.

h) Leer cuentos

Se trata de una magnífica manera de que los menores se familiaricen con el idioma desde la primera infancia. No es gratuito que los cuentos se lean antes de dormir. En ese momento, el consciente empieza a bajar la guardia y el inconsciente toma el mando. Es entonces, en ese duermevela, cuando es más fácil que este último absorba lo que percibe sin filtro. Los cuentos están llenos de significados que ayudan a organizar la psique del menor.

Los niños no se encuentran preparados para entender la vida y sus dificultades con todos sus matices, y los cuentos, llenos de arquetipos, los ayudan con sus mensajes. El cuento viene a ser como el ADN psicológico que, transmitido de generación en generación, ayuda al menor en su supervivencia, como ha ocurrido siempre con la tradición oral desde el inicio de los tiempos.

Lo ideal es que sean los padres quienes les lean los cuentos por la noche para que, luego, los niños sigan haciéndolo por su cuenta. Pero también es posible escuchar CD o leer cómics, así como asistir a cuentacuentos en el idioma que se está aprendiendo.

i) Apoyar el proceso de aprendizaje

En vez de...	Podemos...
Recriminar al menor diciéndole que es un desastre y no puede seguir así.	Decirle que estamos para ayudarle a encontrar una solución.
Aprender = Seriedad	Aprender = Interesante o divertido
Desear que el menor sea como los demás.	Fomentar aquello que lo hace único.
Transmitirle que pintar, bailar, modelar, etc., es una tontería.	Potenciar cualquier modo de expresión para conocerlo mejor.
Colocar la etiqueta de «malo», por ejemplo, a menores inquietos o nerviosos, o la etiqueta de «negativa» a una emoción.	Tener en cuenta que las emociones son estados pasajeros que cumplen una función. No hay que perder de vista el potencial del menor. Podemos preguntarle cómo se siente, ayudarle a identificar las emociones y acordar o proponer qué hacer al respecto.
Decirle que no sabe lo que hace.	Fomentar la autorresponsabilidad: el «darse cuenta».

Nos acercaremos a nuestro destino en el proceso de aprendizaje del idioma cuando el menor...

- en lugar de preocuparse por cómo lo hace, busque comunicarse, darse a entender;
- disfrute aprendiendo el idioma.

5 | PERSONAS ADULTAS

Hay personas a las que les resulta más fácil aproximarse a un nuevo idioma, ya sea por su predisposición, facilidad natural o simplemente porque se sienten atraídas por él. Para otras, es un calvario: no han tenido una experiencia satisfactoria durante su aprendizaje escolar, pero desean estudiarlo por razones laborales u otros intereses y necesidades. Dedican una gran parte de su vida al estudio, pero nunca llegan a sentir confianza en su capacidad para manejarse con él cuando lo necesitan.

Como en un círculo vicioso, no lo utilizan, no lo practican, no adquieren confianza y siguen repitiéndose que nunca conseguirán hablarlo. Si viajan con alguien que domina el idioma, en lugar de esforzarse por ponerse a prueba, dejarán siempre el papel de traductor a ese otro. Así se perpetúan las incapacidades.

Es fundamental romper ese círculo vicioso. ¿Cómo se consigue? Con escucha, paciencia y confianza en la capacidad de la persona por parte del guía. Se trata de una especie de «dar permiso» a la persona para aprender y cometer errores: el permiso que muchas veces no ha tenido durante su infancia y adolescencia. Hay que volver a hacer el camino del aprendizaje de otro modo, ya que aprender o mejorar un idioma —o cualquier otra cosa— conlleva volver a sentirnos niños o niñas: vulnerables y expuestos al ridículo y a la corrección.

Atravesar de nuevo esa fase, pero esta vez de forma satisfactoria, es fundamental para continuar ampliando los conocimientos y, con ello, enriqueciendo nuestra vida.

Hay muchas personas que no consiguen superar sus traumas en el aprendizaje y piensan que no sirven para esto o aquello, pero la realidad es que simplemente no saben gestionar esa fase.

La mayoría de las personas que llegan a mí —exceptuando unas pocas que disfrutan del aprendizaje de antemano— se encuentran bloqueadas por una experiencia previa insatisfactoria. Suelo comentar que es imposible que, después de tanto tiempo de estudio, no queden conocimientos. Numerosos años de formación a lo largo de su educación escolar no pueden no haber dejado rastro alguno. Tantos años de gramática y vocabulario tienen que estar en algún sitio. Para mí, es cuestión de que la persona se desbloquee: tan sencillo y tan difícil como eso. Transmitir confianza en que se va a conseguir ayuda enormemente. También lo hace crear espacios para la expresión sin corrección. Así es como aprende un niño o niña. Hay que desandar el camino que ha llevado al bloqueo para iniciar uno nuevo basado en la confianza.

¿Qué puede hacer la persona adulta para acelerar su propio proceso de aprendizaje?

Entre las oportunidades de los adultos para acelerar el aprendizaje de idiomas, tenemos estas actividades y actitudes:

a) Autorresponsabilizarse.

b) Mantener la conexión con el idioma.

c) Viajar.

d) Relacionarse.

e) Profundizar en sus intereses.

a) Autorresponsabilizarse

Es fundamental que la persona adulta se responsabilice de su propio proceso de aprendizaje. Una vez que haya encontrado sus propios motivos para aprender un idioma, le resultará más fácil. Es fundamental que asuma que, al final, el resultado va a depender de su actitud ante el idioma, en lugar de depender del guía como única fuente de motivación y conocimientos.

Autorresponsabilizarnos nos da poder y nos hace menos dependientes de personas y situaciones. También coloca el énfasis en nosotros y nos impide sentirnos víctimas. Las cosas van a depender fundamentalmente de lo que hagamos.

¿Qué significa autorresponsabilizarse concretamente en este ámbito? Significa tomar las riendas del aprendizaje, así como tomar medidas para acelerarlo. El guía tan solo acompaña, aunque se le puede pedir consejo y seguir sus pautas. Además, el guía alentará al estudiante para que participe en el diseño de su propia hoja de ruta del aprendizaje porque entiende que su independencia es esencial para integrar el idioma en su vida con naturalidad.

Aparte de las actividades que se lleven a cabo durante una sesión o se realicen fuera de ella, el estudiante, con ayuda del guía, buscará la manera de asumir pequeñas tareas cotidianas o de hacer con regularidad actividades por su cuenta que le ayudarán a mejorar y acelerar su avance.

b) Mantener la conexión con el idioma

Con solo unos minutos al día que se dediquen a avanzar en el idioma, se produce un progreso significativo. Es muy importante mantenerse conectado. Es obvio que, a mayor tiempo empleado, mayor será el progreso, pero lo fundamental es la frecuencia y, sobre todo, su integración en la vida diaria.

Cualquiera de los recursos mencionados a continuación sirve a dicho fin:

Internet

Internet es una fuente inagotable de recursos para el aprendizaje de los idiomas. Podemos ver películas, vídeos o pódcasts e incluso suscribirnos a canales para recibir nuevos materiales sobre temas que nos interesen. También es posible encontrar documentos e información para un uso particular o para el trabajo.

La ayuda que puede prestarnos internet es inestimable, porque amplía nuestros horizontes de conocimiento y tenemos acceso a visiones más ricas y globales de cualquier asunto (prefiero no pronunciarme sobre la inteligencia artificial generativa, por su reciente aparición y no ver claramente aún hacia dónde nos lleva, pero también hay que mencionarla).

Móvil

El móvil facilita aún más el uso de internet. Nos permite realizar todo lo mencionado en el apartado anterior en cualquier momento y lugar. Los trayectos de metro o autobús, viajes en cualquier medio de transporte y tiempos de espera son momentos valiosos en los que podemos aprovechar numerosos recursos a diario. La oferta en contenidos, aplicaciones, vídeos, pódcasts, etc., es cada vez mayor.

Por ejemplo, se ha generalizado el uso de pódcasts para el aprendizaje en esos tiempos antes considerados «muertos», pero que ahora pueden dedicarse al estudio y la mejora personal.

Películas o vídeos

Ver películas en la lengua original es una excelente forma de mejorar un idioma. Esta práctica es más habitual en unos países que en otros, y suele reflejarse en la familiarización de la población con otros idiomas. En algunos países todas las películas que se pasan por televisión o el cine llevan subtítulos: una manera excelente de educar a la población en la importancia de conocer otras lenguas.

Además, por ejemplo, permite apreciar mejor el trabajo de los actores: comprobar la preparación de un actor estadounidense para hablar con acento británico y viceversa contribuye a valorar su esfuerzo. También es posible captar más facetas de los personajes y conocer diversos acentos de un mismo idioma. Hay muchos matices e información que se pierden con las versiones dobladas.

Adoptar la práctica de ver películas en el idioma original, con o sin subtítulos, es un hábito sencillo de incorporar tanto si se va al cine como si se ven películas en internet. Lo mismo es aplicable a los vídeos.

Libros, periódicos, revistas, etc.

Podemos leer sobre los temas que más nos interesan. Un idioma no es solo para utilizarlo en el trabajo, sino que nos permite conocer otras culturas y todo lo relacionado con ellas. Integrar la lectura en otros idiomas amplía nuestro mundo. Como una vez me dijo un alumno sobre una jornada de trabajo con personas de distintos países: «Miré una mesa solo con españoles y la otra con personas de diversas nacionalidades y pensé: "Quiero estar en la segunda". Me di cuenta de que no hablar otros idiomas hace el mundo más pequeño».

Se puede comprar alguna publicación o leerla en una biblioteca o en internet: hay multitud de formas de integrar la lectura en otros idiomas en la vida.

Los libros nos abren las puertas a multitud de temas y realidades: ficción, historia, ciencia, etc. Nos entretienen, nos enseñan, nos acompañan. Leer en otros idiomas es una fuente de satisfacción que enriquece nuestra vida. Además, algunos libros se publican en unos idiomas y en otros no, por lo que esto da cierta ventaja para acceder a la lectura deseada aunque esté en un idioma distinto del nuestro. También podemos encontrar versiones en audio de algunos libros, que podemos escuchar en cualquier sitio.

Los periódicos son fuentes de información sumamente interesantes. Muestran realidades cambiantes y las culturas de los países. El contenido de los periódicos extranjeros refleja mundos diferentes al nuestro. Un periódico británico o francés no aborda los mismos temas que uno italiano, ya que se enmarcan en distintos contextos históricos, políticos y sociales, intereses e idiosincrasias. Por ejemplo, en España se encontrará más información sobre Sudamérica por razones obvias.

Las revistas son otras fuentes de información muy atractivas. Leer sobre los temas que nos interesan o suscribirnos a alguna revista que nos guste puede ser una buena manera de avanzar en el idioma.

Radio

Es un recurso sencillo y asequible. Suelo recomendar a mis estudiantes escuchar la radio durante unos minutos al día, por ejemplo, mientras se asean o van al trabajo en coche o caminando. Es sumamente sencillo integrarla en la vida cotidiana. Escucharla unos minutos basta, lo importante es hacerlo con regularidad para mantener la conexión con el idioma. Podemos sintonizar una emisora para escuchar programas dinámicos e interesantes o informativos.

c) Viajar

Viajar es una excelente manera de satisfacer la curiosidad y practicar un idioma. Es una ocasión para poner a prueba los avances y motivarse. Lo ideal es aprovechar cualquier oportunidad para visitar otras geografías. Suelo hacer con mis estudiantes una lista de posibles oportunidades para practicar el idioma, de manera que las tengan presentes una vez que estén en el país de destino: preguntar la dirección de una calle, comprar en una tienda, ver la televisión del país, consultar al personal de un punto de información, etc.

Los viajes nos motivan para seguir aprendiendo o perfeccionando un idioma, nos permiten aplicar nuestros conocimientos y constatar la utilidad de nuestro proceso de aprendizaje. Nos abren nuevas posibilidades, nos cambian el punto de vista y relativizan nuestro mundo cotidiano. Pero, además, el hecho de poder comunicarnos los dota de una dimensión extremadamente enriquecedora y transformadora. Me gusta decir que si el viaje no te transforma, ha sido solo un paseo.

d) Relacionarse

Conocer personas de otras culturas es una manera inmejorable de motivarse para aprender idiomas. Nuestra vida adquiere una mayor diversidad de matices. Solemos aprender un idioma sin practicarlo con interlocutores reales, pero es en la dimensión humana, es decir, al comunicarnos realmente con otros, cuando la emoción está presente y el aprendizaje echa más rápidamente sus raíces.

Conocer personas amplía nuestro mundo. Pero si, además, son de otros países, nuestra vida se enriquece enormemente.

e) Profundizar en sus intereses

Ampliar la información sobre los propios intereses es una gran fuente de motivación. Supone simplemente hacer en otro idioma lo que ya hacemos con el nuestro. Es una manera de integrar una lengua extranjera con naturalidad para que pase a formar parte de nuestros recursos habituales.

¿Qué tal realizar alguna formación o curso sobre nuestro tema favorito en ese idioma que estamos aprendiendo? Esto no solo nos saca de nuestra zona de confort y acelera nuestro aprendizaje, sino que además nos permite ver qué se hace más allá de nuestras fronteras e intercambiar conocimientos y opiniones con personas de otros países.

También podemos buscar datos o respuestas a preguntas sobre nuestros temas de interés en otro idioma o compartir intereses y pasiones con personas afines de otras nacionalidades. Así ampliaremos nuestro mundo y contaremos con más de un idioma en nuestro equipaje vital.

6 | RECURSOS Y ACTIVIDADES

Para aplicar el **enfoque creativo** en el proceso de enseñanza es fundamental crear la propia base de datos de recursos, materiales y actividades. El hecho de no partir de un método rígido, sino sumamente flexible, lo hace aún más necesario.

Al tratarse de un método personalizado, hay que ser minucioso a la hora de dejar constancia del proceso de aprendizaje no solo para tener cierto control sobre este y hacer un seguimiento, sino también para no repetirse. Llevar un registro de todo ello y de su aplicación es esencial.

En mi caso, utilizo una tabla con todos los recursos, materiales y posibilidades que he ido recopilando a lo largo del tiempo, en la que voy marcando los que voy utilizando según las personas.

También es importante dedicar tiempo a la búsqueda de nuevos materiales y recursos para innovar frecuentemente; así crearemos un arsenal propio para disponer de él con arreglo a la situación y al momento.

¿Dónde podemos encontrar estos materiales, ideas y recursos? Las fuentes más importantes serán nuestros conocimientos, internet, bibliotecas, librerías y museos, pero sobre todo nuestra propia creatividad como fuente inagotable de ideas, que habrá que cultivar continuamente.

A lo largo del tiempo, he utilizado de todo en mis sesiones. Cuando se buscan recursos y herramientas, estos empiezan a aparecer por todas partes: desde propuestas halladas en internet hasta juegos de cartas para crear historias adquiridos en museos, pasando por actividades de arteterapia que conozco —como el uso de marionetas— o encontradas en libros especializados, formaciones realizadas, herramientas de *coaching* o publicaciones en librerías o bibliotecas, como cuentos infantiles. Por ejemplo, resulta muy interesante el empleo de un cómic en dos idiomas para comprobar cómo cambia la traducción según el país o comparar las onomatopeyas. Además, los estudiantes me plantean continuamente nuevos retos que exigen ir adaptando las herramientas a sus necesidades e intereses, por lo que surgen nuevas posibilidades o variantes.

Desde mi punto de vista y por experiencia propia, es recomendable iniciarse en la arteterapia no solo porque transmite la importancia de saber acompañar, explorar la creatividad y mantener la conexión con ella, sino porque te propone continuamente nuevos recursos y herramientas, así como sus aplicaciones. Y te anima a encontrar los tuyos propios. También alienta a conocer nuevos materiales y a diseñar las propias actividades y te aproxima al arte. No hay que olvidar que aporta confianza en la propia creatividad y en crear propuestas originales. Asimismo, la arteterapia favorece el autoconocimiento, tan importante para acompañar a otros.

Como me formé en arteterapia *gestalt* humanista, aunque suelo explorar otros enfoques y escuelas para completar mis conocimientos, sé de primera mano que la aportación de la *gestalt* en este ámbito es enorme desde cualquier perspectiva. Permite percibir al ser humano como un todo, respetar su proceso de crecimiento e identificar los obstáculos que dificultan su evolución. Las nociones de conciencia, aquí y ahora y responsabilidad son una constante. Por su parte, la orientación humanista comparte cierto terreno con la *gestalt* y fomenta el desarrollo del potencial del cuerpo, mente, emociones y espíritu del ser humano.

Un capítulo aparte merecería la meditación, para mí imprescindible en la vida en general. Suelo decir que es el santo grial. Es posible dar un cambio de 180° a tu vida si la practicas con regularidad. Cuando llevas un tiempo practicándola, te das cuenta de que en realidad el objetivo es convertir la vida en una meditación continua. Implica crear un espacio interior en el cual puedes refugiarte, tomar distancia del mundo de las apariencias y confiar en que ahí encontrarás todo lo necesario para ser más auténtico y feliz en la realidad de la vida.

La meditación es un viaje increíble que recomiendo a todo el mundo. Ese espacio también es fuente de creatividad, de la que emergen ideas, recursos y herramientas. Aunque la meditación es entendida por muchos como un camino meramente espiritual (principalmente porque no se han iniciado en ella), tiene una importante vertiente práctica que ayuda a desarrollar la confianza necesaria para sentirse capaz de afrontar lo que vaya surgiendo en la vida. Sé que todo esto es difícil de entender si no se practica, así que animo a iniciarse en ella.

Respecto a las librerías y bibliotecas (tanto físicas como *online*), en las secciones de arteterapia, expresión artística y creatividad pueden encontrarse ejemplares que nos resulten útiles. La información aportada por métodos de enseñanza y publicaciones que van más allá de la mera memorización o repetición también es interesante.

En internet podemos encontrar recursos ilimitados, tales como:

- Explicaciones de gramática y ejercicios prácticos, tan útiles para afianzar este aspecto del idioma.

- Vídeos y audios de todo tipo.
- Libros, películas, canciones, programas de televisión, etc.

A medida que vayamos acumulando experiencia, las propuestas ya probadas con éxito deben considerarse siempre como actividades prioritarias por haberse contrastado con la realidad y ofrecer más garantías de eficacia, pero podemos añadir ideas y propuestas que se nos ocurran a partir de nuestra intuición y creatividad y ponerlas a prueba en cualquier momento. Adoptar el enfoque de ensayo y error es fundamental para no estancarse en lo de siempre.

Respecto a las actividades, me baso en mi intuición y en la elección de aquellas que considero más apropiadas en cada momento según las necesidades, el interés y la respuesta del estudiante a lo largo del proceso.

Me gusta recurrir a la clase invertida. Es decir, sugiero una tarea al final de la sesión que lleva a la persona a investigar y explorar por su cuenta. A veces la elijo yo, y otras veces el estudiante. De vez en cuando le pido expresamente que me sorprenda. Y lo suele conseguir... En la siguiente sesión, expone los resultados de su experiencia y sus conclusiones. En ocasiones pregunto más por cómo lo ha hecho, es decir, cuál ha sido el proceso, que por los resultados en sí, porque sé que desarrollar esa actitud le servirá para cualquier otra actividad de aprendizaje en la vida. De este modo, hacemos el proceso consciente. No solo se trata de traer información, sino que puede consistir en aprender una canción, diseñar un proyecto, elaborar el itinerario de un viaje, ver un vídeo y prestar atención a ciertos aspectos, recopilar proverbios, etc. También puede interesarle a la persona preparar una presentación para el trabajo o simular una conversación profesional.

En algún momento, vemos un aspecto de la gramática, ya sea para aprenderlo o para mejorarlo o pulirlo.

Prefiero las estructuras claras y sencillas, como si se tratara de un juego de Lego, porque una vez asimiladas es más fácil llevarlas a casos más complejos. Pero si detecto que la persona está dispuesta a asimilar más, aumento la complejidad. El tema a veces lo sugiero yo y otras, como en el caso anterior, la persona. Soy muy flexible con el tiempo que puede llevar afianzar cada punto de gramática, lo cual dependerá de la facilidad y la rapidez de la persona para asimilar información, pero no suelo dedicarle más de dos sesiones consecutivas. Si aún quedan dudas, se puede volver a ello más adelante.

Y siempre recurrimos, en algún momento, a la arteterapia y la creatividad. Aquí cabe de todo mientras resulte oportuno, sorprenda, divierta o conecte a la persona consigo misma, y sobre todo que sea una actividad adecuada para cada momento concreto. Se trata de hacer algo que marque la diferencia, aporte algo nuevo, permita conocerse mejor y sirva de base para expresarse. La variedad de actividades permite crear expectación y generar interés por conocer qué se va a hacer cada vez. Se trata de proponer actividades, nunca de imponer, para que la persona integre el idioma a su vida casi sin darse cuenta.

La elección de la actividad apropiada estará sujeta a la observación relacionada con la motivación y la curiosidad que hemos mencionado a lo largo del libro. Cuanto mejor se conozca a las personas, más fácil será atinar con la propuesta correcta.

Sobre la comunicación entre docente y estudiante, es muy importante mantenerla siempre abierta y que este último sienta la libertad de expresar lo que le preocupa, si desea otro tipo de propuesta en algún momento, cómo puede abordar determinada dificultad o si algo no le gusta.

A la hora de diseñar la sesión, debe de quedar claro el hilo conductor (que llevará a elegir unos recursos y actividades en lugar de otros), que será determinado por los intereses, gustos y pasiones de la persona. Estos serán los que marquen los temas y el ritmo del aprendizaje.

Para terminar este capítulo, comentaré que suelo utilizar una estructura básica de las sesiones en la que combino una tarea de clase invertida, acordada al final de la sesión anterior, una explicación o un ejercicios de gramática y una actividad creativa o de arteterapia. Aunque son tres pilares importantes de mis sesiones, soy sumamente flexible, porque si veo el interés en los ojos del estudiante durante alguna actividad, dejo que este brille el máximo tiempo posible. Es a esto a lo que doy prioridad.

7 | CONCLUSIONES

Ante el vertiginoso cambio que experimenta el mundo, es fundamental que exploremos las opciones. Nos encontramos en una fase de transición entre los modelos creados en el pasado y otros aún por desvelar. Afortunadamente, son muchas las personas involucradas en el liderazgo de este proceso.

Aunque las brechas generacionales siempre han existido, los menores de hoy tienen una infancia radicalmente distinta a la que tuvieron sus padres. Antes, se aprendía a través de los ojos de los mayores, pero las generaciones recientes lo hacen a través de medios que a veces sus padres ni siquiera conocen. Los nativos digitales se desenvuelven en ámbitos ajenos a los de muchas personas adultas; juegan y aprenden con recursos diferentes a los que las generaciones anteriores utilizaron durante la infancia.

Tanta evasión y entretenimiento, tanto cambio continuo e incertidumbre, los distrae y desconecta de sí mismos. Muchos menores no encuentran motivación en aquello que se supone que debería dársela. Por ello, las personas adultas tenemos la responsabilidad de acercarnos a ellos y conocer su mundo si queremos ayudarlos a ser más felices.

Respecto a las personas adultas, considero que estos momentos están tan perdidas como las menores, a no ser que hayan hecho un trabajo personal interior importante, algo que no suele ser habitual. Los tiempos que vivimos no aportan certidumbres ni asideros a los que agarrarse, así que no queda más remedio que reinventarse y confiar en la fuerza de la vida.

Para afrontar la vida actual, con todas sus satisfacciones y dificultades y el vertiginoso desarrollo de la tecnología, es preciso conocerse y llevar el foco de atención al interior en lugar de al exterior, que es lo contrario de lo que se fomenta generalmente, así como tolerar la frustración de la constante incertidumbre. En resumen, es preciso encontrar la brújula interior. Los procesos de aprendizaje, para que sean eficaces y enriquecedores, deben reflejar este enfoque.

Debido principalmente a las nuevas tecnologías, ya no tiene sentido el aprendizaje como lo entendíamos hasta ahora. Es preciso dejar atrás el convencional papel de docente, es decir, de transmisor del conocimiento, para convertirse en guía y pasar a ser agente activo del despertar del talento y la sabiduría interior. Pero primero debemos ser exponentes de dicho cambio.

Es preciso que el entusiasmo, la curiosidad y la creatividad se incorporen a la enseñanza de cualquier materia de aquí en adelante. Sin ellos, el aprendizaje es una tediosa obligación que lo dificulta y anula las ganas de vivir.

También la integración de los hemisferios izquierdo y derecho debe ser imprescindible, ya que solo así se produce una interiorización holística de lo aprendido. Todo ello aderezado por la emoción como elemento de fijación del conocimiento.

El **enfoque creativo** atiende estos aspectos con sus propuestas y es una alternativa acorde a los tiempos que corren, que puede aplicarse al aprendizaje de cualquier materia. Aplicado a la enseñanza de idiomas, consiste en una combinación de arteterapia, creatividad, gramática e internet que permite saborear un idioma. ¿Te vienes de viaje?

8 | AGRADECIMIENTOS

Me gustaría expresar mi agradecimiento a aquellas personas que me han apoyado, animado o simplemente acompañado a lo largo de mi vida para poder llegar al punto donde me encuentro hoy, así como a las que han revisado este texto y lo han enriquecido con sus aportaciones, puntualizaciones y sugerencias:

A Lucía Hervás, que, además de una concienzuda revisión, ha aportado el prólogo. Gracias infinitas.

A Andrea Hernández y Gloria Mengual, compañeras y amigas que también lo han revisado.

A la dirección de Izada y quienes acudieron a mis sesiones en dicho centro cuando comencé a utilizar este enfoque.

A mis compañeras y compañeros de mi promoción de Arteterapia Gestalt de orientación humanista, que han seguido acompañándome a lo largo de mi crecimiento personal y profesional. Siempre están ahí. ¡Gracias, tribu!

Por supuesto, a Elvira Gutiérrez, que me animó a sacar adelante este libro.

También me gustaría mencionar a Raquel Muñoz, así como a

mis compañeras y compañeros de la asociación ARTEGEH, que dedican desinteresadamente su tiempo a promover y difundir la arteterapia.

A Marta Andrés, por su apoyo.

A mis amistades, que siempre han creído en mí y me han alentado a seguir con mis proyectos y sueños. No estaría escribiendo esto sin su presencia en mi vida.

A toda mi familia, que me ha impulsado en mi viaje de autoconocimiento, probablemente sin ser conscientes de ello.

Y especialmente a las personas que han confiado en mí para embarcarse en la maravillosa aventura de aprender o mejorar el dominio de un idioma.

**Nos une el amor por la creatividad, la curiosidad
y la fe inquebrantable en un mundo mejor.**

9 | BIBLIOGRAFÍA

Barber, Vicky. *Explórate a través del arte*. 2004. Gaia. Madrid.

Cameron, Julia. *El camino del artista. Un método para superar los obstáculos que nos separan de nuestro ser creativo*. 2007. Troquel. Buenos Aires.

Cameron, Julia; Lively, Emma. *El camino del artista para los padres*. 2015. Aguilar. Barcelona.

Fernández Bazaga, Jorge. *La mirada creadora. El taller de fotografía como espacio de cambio*. Ediciones la Mirada Creadora. Madrid.

Freitas, Sara; Jameson, Jill. *The e-learning reader*. 2012. Continuum. Londres.

Ganim, Barbara. *Dibujar con el corazón*. 2006. Obelisco. Barcelona.

Goleman, Daniel. *Inteligencia emocional*. 1998. Kairós. Barcelona.

Goleman, Daniel; et al. *La salud emocional. Conversaciones con el Dalai Lama sobre la salud, las emociones y la mente*. 1997. Kairós. Barcelona.

Gordon, John. *El bus de la energía. Diez reglas para llenar de energía positiva tu vida*. 2011. Empresa Activa. Barcelona.

Gutiérrez Rodríguez, Elvira. *Arteterapia Humanista. Proceso gestáltico a través de los chakras*. 2011. Mandala Ediciones. Madrid.

Hanh, Thich Nhat. *El arte de comunicar*. 2019. Kitsune Books. Barcelona.

Hanh, Thich Nhat. *El arte de cuidar a tu niño interior*. 2017. Paidós Ibérica. Barcelona.

Levy, Norberto. *La sabiduría de las emociones*. 2012. Debolsillo Clave. Barcelona.

Llenas, Ana. *Diario de las emociones*. 2014. Paidós. Barcelona.

López Pérez, Coral; Valls Ballesteros, Carmen. *Coaching educativo. Las emociones al servicio del aprendizaje*. 2013. Ediciones SM. Madrid.

Manzanera, Juan. *El hallazgo de la serenidad*. 2003. Ediciones Planeta. Madrid.

Manzanera, Juan. *El placer de meditar*. 1998. Dharma. Alicante.

Perls, Fritz. *Dentro y fuera del tarro de la basura*. 2008. Cuatro vientos. Santiago de Chile.

Polster, Erving. *Cada vida merece ser una novela*. 2004. Sociedad de cultura Valle-Inclán, Ferrol.

Robinson, Ken. *Busca tu elemento. Aprende a ser creativo individual y colectivamente*. 2012. Empresa Activa. Barcelona.

Robinson, Ken; Aronica Lou. *El elemento. Descubrir tu pasión lo cambia todo*. 2012. Conecta. Barcelona.

Robinson, Ken; Aronica Lou. *Encuentra tu elemento. El camino para descubrir tu pasión y transformar tu vida.* 2013. Conecta. Barcelona.

Sánchez-Bayo, Alberto. *Arqueología del talento. En busca de los tesoros personales.* 2007. ESIC. Madrid.